AF509118

L.-A. CABY

1795-1882

LOUIS-ALEXIS CABY

Un vieillard de quatre-vingt-sept ans vient de mourir après une existence modeste.

Le fait, dira-t-on, vaut-il qu'on en parle ? Songe-t-on à l'arbre chargé d'ans qui tombe sous l'effort d'une brise de printemps ?

Ainsi s'est éteint ce vieillard au printemps dernier, alors que nous comptions sur la saison nouvelle pour réparer ses forces et le conserver quelques jours encore, non pour lui peut-être, mais pour tous ceux qui le connaissaient.

Quelle sérénité dans son âme ! quelle droiture et quelle douceur dans sa pensée !

Comme il nous souvient, à nous qui lui avons le dernier serré la main, de son affectueuse cordialité, de la ténacité de sa reconnaissance pour les moindres services, de la sollicitude de son amitié !

Aussi, si peu de place qu'ait occupée une existence humaine, quand celui auquel elle a appartenu était un type de vertus trop rare à l'heure présente, il est bon qu'une voix s'élève et dise à ceux qui restent la valeur de celui qui n'est plus.

Il s'appelait Louis-Alexis Caby et naquit à Montmirail, le 16 octobre 1795 ; mais, comme si l'ironique avenir devait donner sans cesse un démenti aux prévisions humaines, celui qui devait vivre presque un siècle était à sa venue au monde en tel danger de mort que le maire dut se transporter chez ses parents pour constater sa naissance.

Les peuples heureux n'ont pas d'histoire, l'enfance, qui est l'âge heureux, d'ordinaire n'en a pas ; pour lui il fut, jeune, frappé de ces coups terribles qui impriment douloureusement dans l'âme de longues et profondes tristesses.

Il faisait avec un certain orgueil ses études latines, car ils étaient rares alors les fils de famille bourgeoise qui étudiaient les langues mortes, quand son père mourut subitement en 1810.

Il avait quinze ans et sa mère dut le mettre avec elle à la tête de son commerce.

Il avait appris pourtant assez de latin pour apprécier plus tard la valeur de ce contact, si court qu'il eût été avec les sources mêmes de notre langue et de nos idées. Quand d'une humble boutique de commerçant il se trouva transporté dans la familiarité de Thiers et de ses amis MM. Mignet, Barthélemy Saint-Hilaire, etc., il reconnut que ses années d'étude lui permettaient seules d'approcher sans trop d'infériorité ceux qui avaient puisé dans ce fonds de connaissances, distinctif des classes pensantes, les idées qui leur servaient à mener le monde.

Il était d'ailleurs l'aîné de douze frères et sœurs, or le droit d'aînesse, autrefois source de prérogatives pour les fils de famille noble, n'a jamais été chez les humbles que celui de se sacrifier et de travailler pour les plus jeunes. Il apprit donc de bonne heure à se dévouer pour les autres.

Mais, comme ceux qui ont connu jeunes les responsabilités, il s'était vite résigné ; la maturité de son esprit, ses idées d'ordre et d'économie l'aidaient du reste dans ce nouveau labeur.

Les malheurs ne vont jamais seuls. A peine était-il remis de la mort de son père que l'invasion s'abattait sur le pays.

Le magasin fut saccagé, les fûts d'alcool coulèrent dans la rue et les Cosaques se désaltérèrent à ce ruisseau de Cocagne. Un officier russe même voulut enlever sa mère et l'emmener en Russie, il fallut user de subterfuge pour l'en empêcher ; on y réussit, mais la maison fut ruinée.

Quelques amis vinrent au secours de la pauvre veuve, qui reçut d'ailleurs de tous les rangs de la société des témoignages de sympathique intérêt ; elle reprit modestement le magasin que le travail du père avait un moment développé.

En tête des familles amies qui l'entouraient de leur sollicitude il faut citer la famille Nottin, dont les fils étaient déjà liés d'amitié avec le sien.

A l'invasion succéda la levée en masse. Louis-Alexis Caby atteignait alors sa vingtième année. Fils aîné de femme veuve, il était exempt de droit, mais à cette époque on était à peine plus tranquille dans son village que dans les armées.

Le sous-préfet de Coulommiers, ville où s'étaient fixés

ses parents presque depuis son enfance, s'intéressait à lui ; il le fit partir pour Paris. Il voulait ainsi à la fois lui faire tenter la fortune et le soustraire, dans ce pays où l'on est si aisément inconnu, aux caprices de l'Empereur, qui, pressé du besoin de renforcer ses armées sans cesse décimées, appelait quelquefois dans ses levées en masse ceux même que la loi exemptait.

Après avoir commandé, Caby dut obéir, et avec ses émoluments tenter de reconstituer le patrimoine perdu.

A Paris du moins, il retrouva les enfants de la famille Nottin qui eux se préparaient, par l'étude du droit, aux brillantes situations qu'ils ont occupées.

L'amitié commencée au pays natal, loin de se dissoudre devant la différence des situations, ne fit que s'accroître. On se retrouvait chaque dimanche dans une maison amie, on reparlait du pays et de ceux qu'on y avait laissés.

C'est là que Louis-Alexis Caby rencontra la jeune fille qui devait être sa femme ; il se maria et redevint, grâce à ses économies et l'aide de ses amis, chef de maison.

Celle qu'il avait épousée était citée pour sa beauté ; mais la beauté n'est pas souvent la compagne de l'énergie que demande la conduite d'un établissement commercial, et Caby, rude au labeur personnel, mais trop bon pour exiger des autres une somme de travail égale à la sienne, ne pouvait seul suffire à la lourde tâche qu'il avait assumée.

Il perdit ce qu'il avait si péniblement amassé ; il s'arrêta, du moins, au moment où il allait perdre ce qui appartenait aux autres.

Heureusement l'amitié de ses camarades de Coulommiers, MM. Nottin, lui restait ; il alla trouver M. Henri Nottin et lui conta sa position ; celui-ci, chargé des affaires d'un grand nombre de hautes et puissantes familles, avait besoin d'un homme sûr et discret, il en fit son collaborateur et dès lors Caby ne le quitta plus.

Pendant ce temps la paternité était venue et avec elle ses tristesses; le choléra lui ravit son premier né, un second fils au moins lui resta.

Les charges grandissantes demandèrent un travail grandissant. Parmi les relations de son ami et maître se trouvait la famille Dosne; elle demanda à celui-ci un homme de confiance; M. Nottin ne put indiquer personne qui fût plus digne que Caby de ce titre si prodigué et si rarement mérité.

Il connut alors tout ce que le salon de cette famille réunissait d'illustre et de puissant; il vit Thiers gouvernant la France d'une main d'autant plus ferme que son esprit était débarrassé du souci de ses affaires personnelles par l'intelligente direction que sut leur imprimer Mme Dosne secondée par ses deux filles. Il vit quel heureux concours des femmes d'un mérite supérieur peuvent apporter à un homme politique au milieu des délicates négociations que nécessite la conduite des assemblées délibérantes.

Mais, sans ambition personnelle, il ne voulut jamais profiter de ses relations pour essayer de pousser plus loin sa fortune, à coup sûr un peu par modestie, mais beaucoup aussi par philosophique indifférence.

L'ambition qu'il n'avait pas pour lui, il la reporta sur l'unique enfant qui lui restait : celui-ci, auquel sa mère prodiguait les effusions de la tendresse la plus attentive et la plus dévouée, les paya tous deux en satisfactions morales, en triomphes scolaires, de toute l'affection qu'ils lui témoignaient.

Il se montra digne de l'intérêt que Thiers lui portait et

le lycée Louis-le-Grand conserve encore le souvenir de ses succès.

Il fut licencié en droit, et grâce à Thiers obtint une place dans une des administrations publiques, ce port envié vers lequel tant de parents guident leurs fils, espérant y trouver pour eux un abri contre les orages de la vie; aussi le père, ce rêve réalisé, pouvait-il croire l'avenir assuré.

C'était trop sans doute, et la coupe de bonheur à laquelle avait bu le modeste ménage était déjà vide. On avait donné au fils idolâtré l'instruction; le travail opiniâtre par lequel il l'avait achetée lui avait coûté la santé. Il mourut.

Sa mère inconsolable ne lui survécut que peu d'années.

Louis-Alexis Caby trouva dans le calme de sa pensée, dans sa résignation, la force de supporter ces coups successifs; non pas que l'indifférence l'ait effleuré, mais il savait ne pas lutter contre l'impossible, ne pas se fatiguer en efforts superflus contre l'inéluctable.

La division, pendant ce temps, s'était jetée dans la famille à laquelle il s'était allié. Il soutint, il consola par son amitié ceux que les revers de la fortune avaient fait traiter en parias. C'est à son égard un titre éternel à la reconnaissance de celui qui écrit ces lignes que d'avoir donné aux siens un peu d'affection à l'heure où ils n'en trouvaient plus chez ceux qui leur en devaient d'autant plus qu'ils étaient plus malheureux.

Mais cette bonté qui allait au-devant des moins heureux n'était pas la seule caractéristique de ce cœur simple et honnête; il faut y joindre cette confiance en la justice, en la bonté humaine qui lui a fait tout attendre de l'équité des autres, comme il était prêt lui-même à ne jamais laisser la sienne en défaut vis-à-vis de personne.

Cette confiance n'a pas été trompée, et jusqu'à son dernier jour il a été soutenu par ceux pour qui il avait travaillé avec autant d'abnégation que de dévouement et de fidélité.

L'amitié que M. Henri Nottin avait pour Caby s'est conservée chez son frère et ses neveux, et sur une simple recommandation de leur frère et oncle, ceux-ci se sont fait un devoir d'assurer son avenir.

La famille Dosne également lui continua les émoluments de sa charge alors que l'âge et les infirmités lui interdisaient d'en exercer les fonctions. Non contente de reconnaître ainsi quarante ans de loyaux services, Mlle Félicie Dosne, dans ces dernières années, ne manqua jamais, quand elle allait au Bois, de s'arrêter devant la maison de son ancien serviteur. Elle l'a ainsi soutenu de son affectueuse sollicitude et il nous a suffi de lui témoigner un désir de notre vieil oncle pour qu'elle le réalisât de suite.

Elle a pourvu à ses funérailles et l'a suivi jusqu'au lieu de son repos, ainsi que le frère et les neveux de M. Henri Nottin, héritiers de l'affection de ce dernier pour Caby.

Si on avait demandé pourquoi celle qui accompagnait jadis l'homme illustre qui avait rendu l'Europe attentive et relevé la France suivait ce simple convoi, Mlle Dosne eût pu répondre que certes bien des hommes éminents avaient tour à tour rempli ses salons, mais qu'elle n'avait peut-être pas rencontré d'âme plus loyale, plus dévouée et plus honnête.

A notre époque où la lutte pour la vie est si âpre, où la bataille sociale est si acharnée, de telles existences sont rares; aussi quelle muette et éloquente leçon ce représentant du dernier siècle donnait à ceux de notre époque affairée, dévorée d'ambition, ardente à jouir, déshabituée de l'amitié et du dévouement.

Mais c'est ainsi, suivant la coutume ancienne, que humbles et puissants s'aidaient et parfois se consolaient entre eux.

P. Marguerite-Delacharlonny.

5 Avril 1883.